LE PARACHUTE,

COMÉDIE-PARADE

EN UN ACTE ET EN PROSE,

MÊLÉE DE VAUDEVILLES,

Représentée, pour la première fois, à Paris, sur le Théâtre des jeunes Artistes, le 21 Brumaire, an 6.

Par HECTOR CHAUSSIER et HAPDÉ.

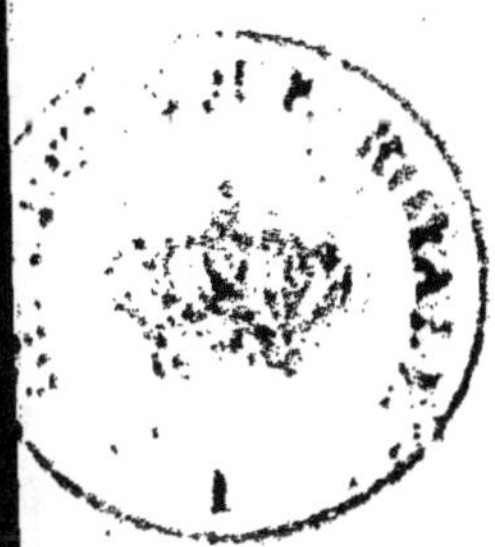

A PARIS,

Et se trouve { A l'Imprimerie rue des Droits-de-l'Homme, N°. 44.
Chez FAGES, Marchand de Pièces de Théâtre au coin de la rue Xaintonge, N°. 25, Boulevard du Temple.

An VIe.

PERSONNAGES.	ARTISTES. CC. et C[nes].
CASSANDRE, Physicien.	*Notaire.*
COLOMBINE, sa fille.	*Martin.*
ARLEQUIN, amant de Colombine.	*Lepeintre.*
GILLES, garçon Physicien.	*Grevin.*

Je soussigné Auteur du Parachûte, *en vertu de la cession à moi faite par le Cit.* HAPDÉ, *mon collaborateur, accorde au Cit.* FAGES *le droit de faire imprimer et vendre ladite pièce. A Paris, ce neuf Prairial, an 6.*

Signé HECTOR CHAUSSIER.

LE PARACHUTE,

COMÉDIE.

Le Théâtre représente l'intérieur du jardin de Cassandre : à gauche, sa maison ; à droite, un mur fort élevé, terminé par la fenêtre d'un grenier. Dans le fond, une grille.

SCENE PREMIERE.

GILLES, *seul, arrivant.*

AH! mon dieu, la belle chose que la physique! Que je voudrais donc pouvoir faire des expériences comme M. Cassandre! C'est lui qui a un fier talent pour s'envoler dans les airs. Il faut convenir que c'est une superbe invention que celle des ballons. M. Cassandre a eu bien tort de ne pas voir l'expérience d'aujourd'hui : c'était superbe.

AIR : *Je défions qu' dans l'salentours.*

Ah! quel spectacle curieux,
De voir un homme qui s'envole,
Et va tout vivant dans les cieux!
C'est admirable.... ma parole. (*bis.*)
Mais si lui-même regardait
Depuis là-haut notre hémisphère, (*bis.*)
Combien alors il en verrait
Qui volent sans quitter la terre.

SCENE II.

GILLES, CASSANDRE *sortant de chez lui.*

CASSANDRE.

EH bien, Gilles, d'où viens-tu donc depuis deux heures? J'ai besoin de toi.

GILLES.

Je viens de voir partir le ballon.

CASSANDRE.

Tu pouvais aussi bien le voir du haut de ma terrasse.

GILLES.

Ah! je dis je l'ai vu de près : on m'avait donné un billet gratis dans l'enceinte.

CASSANDRE.

Qui donc t'a donné ce billet?

GILLES.

Je vais vous conter cela.

AIR : *Monseigneur d'Orléans.*

En deux mots j'aurai fait
L'histoire de c'billet
Que j'ai par ricochet.
Voici le fait.
La belle dame qui l'avait
En fit présent à son valet,
Qui de ce cadeau satisfait,
Courut le porter, tout d'un trait,
A la ravaudeuse qui se met
Au passage Verdelet.
Celle-ci qui détestait
Ce freluquet,
Car c'est un grand maigrelet
Bien coquet,

Aussi mal fait
Qu'il est laid,
La jambe en flageolet,
La tête grosse et le corps fluet.
Mais revenons à notre objet.
Elle prit toujours le billet;
Puis en fit présent à Georget,
Garçon honnête et discret,
Qui fournit d'eau l'cabaret.
Ce brave jeune homme en secret
A moi-même le destinait.
Je l'ai trouvé qui m'l'apportait.
Il me l'a remis en effet.
Soudain j'ai couru voir ce qu'était
Ce ballon que l'on vantait.

CASSANDRE.

Au-lieu de courir pour voir ce ballon, il valoit mieux s'occuper à remplir le mien.

GILLES.

Mais est-ce qu'il y a de la comparaison de votre ballon avec celui-là?

CASSANDRE.

Le mien sera peut-être plus utile.

GILLES.

Laissez donc, il est gros comme ma tête.

CASSANDRE.

C'est tout autant qu'il m'en faut pour chercher les moyens de descendre tranquillement à terre, en cas que le ballon creve.

GILLES.

Je crois que vous le chercherez long-tems; et si vous ne mariez Mlle. Colombine, comme vous l'avez dit, qu'à celui qui trouvera cette invention-là, j'ai bien peur qu'elle reste fille toute sa vie.

CASSANDRE.

Quoi! tu renoncerais à faire cette découverte?

GILLES.

Je ne dis pas cela; mais....

CASSANDRE.

Du courage et de la patience, mon ami.

GILLES.

Ecoutez donc, M. Cassandre : moi, je fais une réflexion.

CASSANDRE.

Eh bien, qu'est-ce?

GILLES.

AIR : *Malgré le cas que vous en faites.*

Si l'on découvrait la méthode
De descendre sans accident,
Quoique très-utile et commode,
Cela ne prendrait pas vraiment.
En vain vous auriez beau prétendre
Que ce moyen est sans danger;
Car sans vouloir jamais descendre
Chacun ne cherche qu'à monter.

CASSANDRE.

Je conviens que ta remarque est vraie.

GILLES.

Oh, mon dieu, je vous le dis : cela ne prendroit pas.

CASSANDRE.

Eh! mon ami, tu ne sais donc pas quel est le pouvoir de la nouveauté.

AIR : *J'vous dirai donc, en vérité.*

En France, la mode fait tout :
C'est l'unique méthode.
On aurait esprit et bon goût,
S'ils étaient à la mode;
Mais on se plaît à voltiger;
Souvent la mode change,
Et l'on voit le Français léger
Parmi les modes préférer
Toujours la plus étrange.

GILLES.

Oui, vous avez raison.

CASSANDRE.

Tu vois qu'il ne faut pas se décourager.

GILLES.

Eh bien, je chercherai, M. Cassandre, je vous le promets.

CASSANDRE.

Mais à propos. Arlequin n'est pas encore venu. Je l'ai chargé de m'apporter de l'acide vitriolique.

GILLES.

Ah! tenez, M. Cassandre, votre Arlequin ne fera jamais un grand physicien.

CASSANDRE.

Je n'en ai pas meilleure opinion que toi.

GILLES.

Je crois même qu'il ne vient ici prendre de vous des leçons de physique, que pour en donner d'amour à Mlle. Colombine.

CASSANDRE.

Tu crois?

GILLES.

Ma foi, j'en suis presque sûr. Et vous penseriez comme moi, si vous aviez vu ce que j'ai vu l'autre jour dans votre cabinet.

CASSANDRE.

Qu'as-tu donc vu?

GILLES.

Vous savez bien votre machine électrique.

CASSANDRE.

Eh bien?

GILLES.

AIR : *L'autre jour la p'tite Isabelle.*

Sur le tabouret électrique,

Colombine d'abord monta,
Et du fluide magnétique
Monsieur Arlequin la pénétra :
Puis arrêtant la manivelle,
Il tire avec l'excitateur
Une étincelle (*bis.*)
De son cœur.
Alors Arlequin lui dit : Voilà l'image
(Du feu qui me consume. *Puis aussi-tôt il lui baise la main, Colombine rougit.* Mais...
Son émotion
Venait de ce baiser, je gage,
Plus que de la commotion.

CASSANDRE.

Ah! ah! je suis bien-aise d'apprendre ce que tu me dis là. J'aurai soin d'y veiller. Je te serai très-obligé de les épier aussi, et de m'avertir, si tu t'appercevais de quelque chose.

GILLES.

Reposez-vous sur moi : j'aurai les yeux et les oreilles au guet.

CASSANDRE.

Ah ça, mon ami Gilles, je vais travailler dans mon cabinet; mais aussi-tôt qu'Arlequin sera arrivé, tu viendras m'avertir, afin que nous remplissions le ballon.

GILLES.

Oui, M. Cassandre, c'est entendu; j'irai vous avertir.

(*Cassandre rentre chez lui.*)

SCENE III.

GILLES, *seul.*

Ah! voilà qui va bien. Le père Cassandre est prévenu contre Arlequin, et j'espère que je viendrai à bout de me débarrasser de ce rival-là. Cependant je ne crois pas qu'il soit bien à plaindre ; car Mlle. Colombine est de trop bon goût pour ressentir un grand amour pour lui.

AIR : *Mon débiteur honnête homme.*

Peut-elle avoir d'la tendresse
Pour ce vilain mauricot ?
Un époux de mon espèce
Vraiment est bien mieux son lot.
J'dois avoir la préférence ;
Car il est facil' de voir
Qu'entre nous la différence (*bis.*)
Sera toujours du blanc au noir. (*bis.*)

Ah ! le voici ce rival au beau teint.

SCENE IV.

GILLES, ARLEQUIN, *portant une grande bouteille emballée dans son panier.*

GILLES.

Eh ! arrivez donc, M. Arlequin, arrivez donc. Vous nous faites perdre un tems précieux par votre lenteur : c'est inconcevable. En vérité, si vous continuez, on ne pourra pas vous garder.

ARLEQUIN.

AIR : *Une petite fillette.*

Ne faites pas tant le maître,
Monsieur Gilles, calmez-vous ;
Car j'ai le moyen peut-être
De vous rendre un peu plus doux.

GILLES.

Monsieur.

ARLEQUIN.

Paix donc.

GILLES.

Quoi! vous....

ARLEQUIN.

Tout doux.

GILLES.

Comment.

ARLEQUIN.

Vous allez connaître....
Mais pourquoi m'emporter vraiment?
Ah! c'est bien inutilement.
Ne sait-on pas que maintenant
Le valet est maître insolent. (*bis.*)

GILLES.

Qu'appellez-vous valet? Songez que je suis amateur de physique.

ARLEQUIN.

Vous, amateur! vous en avez la mine et la tournure.

GILLES.

AIR : *En quatre mots.*

Cessez, mon cher, ce langage railleur.
Malgré ce sourire moqueur,
Oui, je suis amateur.

ARLEQUIN.

Ignare autant qu'on peut l'être.

GILLES.

Je parle et décide en maître,
D'un ton protecteur,
De chaque auteur,
Sévère épilogueur,
Toujours contradicteur.

ARLEQUIN.

Sans être connaisseur.

GILLES.

De tout je me fais le censeur....
Donc je suis amateur.

ARLEQUIN.

Les amateurs de votre espèce....

GILLES.

Laissons cela, mon ami; vous n'avez pas assez de connaissance en physique pour discerner un amateur: parce qu'un amateur de physique est un homme qui.... Mais n'est-ce pas de l'acide vitriolique dont nous avons besoin?....

ARLEQUIN.

Vous le voyez bien, M. l'amateur.

GILLES.

Eh bien, maintenant je pourrai préparer du gaz inflammable pour remplir le ballon.

ARLEQUIN.

Dites-moi donc, M. Gilles, vous qui avez de vastes connaissances en physique, croyez-vous que l'air inflammable puisse servir à autre chose qu'à emplir des ballons?

GILLES.

On voit bien, mon bon ami, que vous n'êtes qu'un ignorant. Apprenez que cela ne peut pas servir à autre chose.

ARLEQUIN.

Vous croyez.... Moi, je pense le contraire, et je vais vous le prouver.

AIR : *D'Arlequin afficheur.*

Oui, du gaz on peut, selon moi,
Tirer plus d'un grand avantage.
Vieille coquette, sur ma foi,
Devrait souvent en faire usage.
Lorsque desirant nous charmer,
Elle s'efforce d'être aimable,
Il lui faudrait pour enflammer
Un peu d'air inflammable.

GILLES.

Mais laissez donc. Si elles faisaient usage de gaz inflammable, elles s'envoleraient comme des ballons.... Eh! mon dieu, moi qui perds mon tems à l'écouter, j'oublie d'avertir M. Cassandre. Pendant que je vais le chercher, déballez cette bouteille, que nous ne soyons pas obligés d'attendre, quand nous en aurons besoin. Entendez-vous, Arlequin?

ARLEQUIN.

C'est bon, c'est bon.

(*Gilles rentre.*)

SCENE V.

ARLEQUIN, *seul.*

ENFIN, me voilà seul. Si je pouvais profiter de ce moment pour voir ma chère Colombine! Ce matin je suis resté là-haut une heure à ma fenêtre; mais elle n'a pas paru à la sienne. Si j'osais l'appeller! M. Cassandre est, sans doute, dans son cabinet: il ne pourra m'entendre. Essayons. Chantons la chanson que j'ai fait pour elle.

AIR : *La petite Nannette.*

Toi qui du plus sincère amour
A pénétré mon ame,
Daigne par un tendre retour
Payer ma vive flâme.
Ecoute la voix de mon cœur,
Qui t'assure lui-même
Qu'il ne peut trouver de bonheur
Loin de l'objet (*bis*) qu'il aime.

SCENE VI.

ARLEQUIN, COLOMBINE, *paraît à la fenêtre.*

COLOMBINE.

Je crois entendre la voix d'Arlequin.

ARLEQUIN.

Ah! te voilà donc enfin, ma bonne amie! Oh! que la matinée m'a paru longue! Il est déjà bien tard, et je ne t'avais pas encore vue : j'étais bien affligé.

COLOMBINE.

J'ai partagé ta peine, mon cher Arlequin, et c'est bien malgré moi que je t'en ai causé.

ARLEQUIN.

AIR : *Aussi-tôt que je t'apperçois.*

Aussi-tôt que je t'apperçois,
Ma chère Colombine,
Je sens s'écarter loin de moi
Tout ce qui me chagrine.
Soudain au plus cruel tourment
Le bonheur succède à l'instant.
Ce charme (*bis*) est ravissant.
C'est dans tes yeux, ma bonne amie,
Que ton amant puise sa vie.
Prends ce baiser; (*bis.*)
Et puisse-t-il te retracer
Ce que je ne puis t'exprimer!

(*Colombine répète les trois derniers vers.*)

COLOMBINE.

J'entends mon père qui sort de son cabinet. Adieu, mon bon Arlequin; à revoir.

ARLEQUIN.

Adieu donc, ma bonne, petite, tendre amie.

SCENE VII.

ARLEQUIN, *seul.*

Je viens d'avoir bien du plaisir; mais c'est dommage qu'il passe si vîte. Oh! mon dieu, que je serais heureux si j'étais riche! Je demanderais Colombine à M. Cassandre: il me la donnerait. Nous nous marierions ensemble; je l'épouserais, et je serais le plus fortuné des hommes. Mais, hélas! je n'ai rien; car maintenant il est difficile d'avoir des richesses et de la probité. Moi j'ai choisi le meilleur lot, et je suis pauvre. Il y en a beaucoup qui n'ont pas fait comme moi, et qui nagent dans l'opulence.

AIR : *Si Pauline est dans l'indigence.*

Aujourd'hui la chose est commune.
Combien de gens, avec ardeur,
Pour faire face à la fortune,
Ont tourné le dos à l'honneur?
Car si l'on veut, avec constance,
Garder, quand on est malheureux,
Son honneur et son indigence,
Il faut du courage pour deux. (*bis.*)

Il y en a qui en ont manqué de courage, et beaucoup. Tel que l'on vit jadis....

AIR : *Jardinier ne vois-tu pas.*

Dans la crotte barbottant,
Pour gagner sa pistole;
Aujourd'hui c'est différent,
En phaéton élégant,
Il vole. (*ter.*)

SCENE VIII.

ARLEQUIN, CASSANDRE, GILLES.

CASSANDRE.

Vous voilà donc enfin, M. Arlequin.

ARLEQUIN.

Oui, M. Cassandre.

CASSANDRE.

C'est bien heureux. Savez-vous, Monsieur, que je suis ennuyé de votre négligence à faire ce que je vous dis?

ARLEQUIN.

Ma négligence!

CASSANDRE.

Ne vous avais-je pas recommandé d'être ici dès le matin avec une bouteille d'acide vitriolique?

ARLEQUIN.

Mais la voilà, M. Cassandre.

CASSANDRE.

C'est fort bien. Mais est-ce là l'heure que je vous avais dit? A quoi avez-vous passé une partie de la matinée?

ARLEQUIN.

Oh! je m'en vais vous le dire.

AIR : *Des feux éclatans de Phébus.*

Chaque jour j'aime à contempler
Des cieux le plus charmant ouvrage;
Et dès qu'on le voit se lever,
Mon cœur tout bas (*bis*) lui rend hommage.
Moi, pour l'admirer, ce matin

Je me suis mis à ma fenêtre.
Mais, hélas ! j'attendis en vain,
Et je ne l'ai point vu paraître.

GILLES.

Qu'est-ce qu'il dit donc ? Il n'a pas vu le soleil aujourd'hui : il s'est cependant bien montré.

ARLEQUIN.

Oh ! je l'ai apperçu un instant tout-à-l'heure. Il m'a réchauffé par son éclat enchanteur ; mais presqu'aussitôt un nuage épais m'a privé du plaisir de le voir.

CASSANDRE.

Tout cela est à merveille, Monsieur ; mais je doute un peu de ce que vous me dites, et je soupçonne très-fort que vous perdez votre tems dans ces abominables maisons de jeu, dont le nombre s'accroît chaque jour.

ARLEQUIN.

Comment vous pourriez penser....

CASSANDRE.

Je n'en suis pas sûr ; mais quoi qu'il en soit, profitez de l'avis que je vais vous donner.

ARLEQUIN.

Volontiers, quoique je n'en aye pas besoin pour cela.

CASSANDRE.

Ecoutez.

AIR : *De la Croisée.*

La foule oisive des joueurs
Est une classe méprisable,
Où l'homme dégradé, sans mœurs,
De tout crime devient capable.
Et sans crainte on peut, en voyant
Celui que le jeu seul occupe,
Assurer positivement
Qu'il est fripon ou dupe. (*bis.*)

ARLEQUIN.

Je suis bien de votre avis, M. Cassandre ; et je vous assure que je ne suis ni dupe ni fripon.

CASSANDRE.

CASSANDRE.

Tant mieux pour vous. Mais parlons d'autre chose.

GILLES.

Oui, parlons d'autre chose.

CASSANDRE.

L'appareil est-il prêt? Pouvons-nous remplir l'aérostat?

GILLES.

Voilà tout ce qu'il nous faut. La mitraille est dans le baril.

CASSANDRE.

La mitraille!...

ARLEQUIN.

Il veut dire la limaille.

GILLES.

Oui, c'est cela.

CASSANDRE.

Toi, Gilles, commence par adapter le ballon; et vous, Arlequin, versez l'acide vitriolique.

GILLES.

Cela va être fait dans un tour de main.

ARLEQUIN.

Où donc est l'entonnoir?.... Ah! le voici.

CASSANDRE.

Doucement, doucement donc.... Tiens, Gilles, pose le ballon en-dedans de la fenêtre: il sera plus à l'abri du vent.... Allons, allons, continuez votre besogne; ayez soin d'entretenir le dégagement du gaz. Pendant ce tems, je vais chez mon opticien.

GILLES.

Qu'est-ce que vous dites donc du petit chien, M. Cassandre?

CASSANDRE.

Nigaud! Je te dis que je vais chez mon opticien chercher une lunette d'approche, pour observer la marche de mon ballon.

GILLES.

C'est encore une belle invention que celle des lunettes d'approche.

ARLEQUIN.

Oui, sans doute. Mais écoutez donc.

AIR : *Le plaisir qu'on goûte en famille.*

Sans voir jusqu'au bout de leur nez,
Beaucoup se servent de lorgnettes.
Pour voir les vices rafinés;
Je n'ai pas besoin de lunettes.
Mais si je viens à rencontrer
Fripon qui m'approche et me joigne,
Je voudrais aussi-tôt trouver
Une lunette qui l'éloigne.

CASSANDRE.

Mon cher ami, avec une telle lunette, vous pourriez aller souvent seul.

(Il sort.)

SCENE IX.

ARLEQUIN, GILLES.

ARLEQUIN, *à part.*

Si je pouvais profiter de l'absence de M. Cassandre pour voir ma chère Colombine! Comment faire? Ce maudit Gilles m'embarrasse. Eh bien, Gilles, à quoi rêvez-vous donc?

GILLES.

Au moyen de descendre du ciel pour épouser Mlle. Colombine.

ARLEQUIN.

Comment descendre du ciel pour épouser Colombine?

GILLES.

Sans doute. Vous savez bien que M. Cassandre a promis de donner sa fille à celui qui trouverait la manière de garantir de tout accident, ceux qui seroient dans un ballon qui viendrait à crever.

ARLEQUIN.

Je sais bien cela.

GILLES.

Eh bien, j'espère que nul autre que moi n'épousera Mlle. Colombine.

ARLEQUIN.

Vous avez donc trouvé la manière?

GILLES.

Oui...., oui...., J'ai des idées que je compte mettre à exécution.

ARLEQUIN, *à part.*

Est-ce que le coquin serait entré chez moi, et aurait vu mes préparatifs? Oh! non; ce mur est trop élevé.... et personne n'a pu lui en parler; car je l'ai caché même à Colombine.

GILLES.

Voilà déjà le ballon qui commence à se remplir.

ARLEQUIN.

En effet, il s'enfle.

GILLES.

AIR : *Mais que dis-je, ô réflexion !*

Tout-à-l'heure il était petit,
N'ayant ni mine, ni tournure.
Mais à présent il s'arrondit,
Et commence à prendre figure.

ARLEQUIN.

Voilà l'image de ces gens
Jadis maigris par la détresse,
Et que l'on vit en peu de tems
Gonflés d'orgueil et de richesse.

GILLES.

Voilà une vérité bien vraie, en vérité. Mais ce qui est encore vrai, c'est que.... j'ai faim. M. Arlequin, faites-moi le plaisir de veiller au ballon, pendant que je vais m'emplir à la cuisine.

ARLEQUIN.

Mon cher ami, bon appétit.

GILLES.

Je dis cela ne manque pas..... Oh ! mon dieu, le joli petit ballon !.... Je vais déjeûner.

SCENE X.

ARLEQUIN, *seul.*

DÉJEUNE, déjeûne jusqu'à ce soir, et laisse-moi le tems de voir ma Colombine. Je n'ose pas entrer ; j'ai peur de rencontrer Gilles. Mais j'entends du bruit..... Ah ! ma Colombine !

SCENE XI.

ARLEQUIN, COLOMBINE.

ARLEQUIN.

C'EST toi, ma bonne amie : c'est bien aimable de ta part.

COLOMBINE.

J'avais vu mon père sortir, et j'épiais l'instant où tu serais seul.

ARLEQUIN.

Eh! je ne suis jamais seul, ma bien-aimée.

AIR : *Si j'suis constant dans mon amour.*

Ah! toujours au fond de mon cœur,
Je porte ta charmante image. (*bis.*)

COLOMBINE.

Tu m'aimes donc avec ardeur,
Et tu ne seras point volage! (*bis.*)

ARLEQUIN.

Oh! non, toujours.

COLOMBINE.

Quoi! mêmes amours!

ARLEQUIN.

Oui.... mêmes amours.

COLOMBINE.

Dieux! Et pour toujours!

ARLEQUIN.

Oui, je t'aimerai constamment.
Mon cœur (*bis.*) te tiendra sa promesse.

COLOMBINE.

Je te fais le même serment.
Mon cœur (*bis*) partage ta tendresse.

COLOMBINE et ARLEQUIN.

Ah ! quel plaisir ! quel doux moment ! } *bis.*
Rien n'égale ma tendre ivresse. }

COLOMBINE.

Mais, hélas ! mon cher Arlequin, à quoi nous servira notre amour ?

ARLEQUIN.

A nous aimer, ma bonne amie ; et c'est bien doux de s'aimer. Oh ! c'est un grand bonheur.

COLOMBINE.

Oui ; mais si nous pouvions espérer d'être unis ?

ARLEQUIN.

Oh ! ce serait le comble de la félicité.

COLOMBINE.

Hélas ! nous ne le goûterons peut-être jamais.

ARLEQUIN.

Peut-être.... peut-être.... il ne faut désespérer de rien ; et puisque j'ai eu le bonheur de toucher ton cœur, l'amour ne voudra pas laisser son ouvrage imparfait.

COLOMBINE.

Prenons garde de trop nous flatter.

ARLEQUIN.

Tu vois bien que je suis déjà parvenu à m'introduire auprès de ton père, qui fait de moi un apprentif physicien un peu malgré moi.

COLOMBINE.

Tu n'aimes donc pas la physique ?

ARLEQUIN.

Je crois que c'est un mauvais moyen de faire fortune.

AIR : *Jupiter un jour en fureur.*

Oui, si je consultais mon goût,
Je n'apprendrais pas la physique.
Hélas ! dans un moment critique,
Il faut se soumettre à tout.

C'est une science bien belle
Que la physique assurément;
Mais je préfère vraiment (*bis.*)
L'histoire naturelle. (*bis.*)

Vois-tu bien, ma bonne amie, avec cette science-là, on trouve des mines d'or et d'argent, des diamans, des..... oh, tout plein de choses précieuses; et si je possédais ces trésors-là, je serais l'époux de ma Colombine.

SCENE XII.

LES MÊMES, GILLES, *paraît avec un morceau de pain à la main.*

GILLES, *à part.*

EH bien, les voilà ensemble.

COLOMBINE.

Je le voudrais bien; mais comment faire?

ARLEQUIN.

Un peu de patience.

GILLES, *à part.*

Quel dommage que M. Cassandre soit dehors! S'il pouvait rentrer!

COLOMBINE.

Tu crois donc, mon cher Arlequin, que tu pourras parvenir à unir ton sort au mien?

ARLEQUIN.

Je l'espère.

GILLES.

Ah! bon : le voici. Chut.... chut.

SCENE XIII.

LES MÊMES, CASSANDRE, *dans le fond.*

GILLES, *bas à Cassandre.*

TENEZ, les voyez-vous?

CASSANDRE.

Ah! je rentre bien à propos.

COLOMBINE.

Mais dis-moi donc quel moyen tu employeras pour déterminer mon père?

ARLEQUIN.

Oh, rien de si facile. J'ai certain projet..... Et si je réussis, il sera bien forcé de consentir à notre union.

CASSANDRE.

C'est à merveille.

AIR : *Je brûle de voir ce château.*

Ah! je vous y surprends enfin.

COLOMBINE et ARLEQUIN.

Ah! grands Dieux, c'est {son / mon} père.

GILLES.

S'il pouvoit rosser Arlequin,
Mon Dieu, la bonne affaire!

CASSANDRE.

Ma fille, rentrez à l'instant.
Vous, sortez sans retardement.

GILLES.

Ensemble. {
Ma foi, cela va bien vraiment.

COLOMBINE et ARLEQUIN.

Ah! quel fâcheux événement!

CASSANDRE.

Allons, décampez promptement. }

ARLEQUIN.

Comblez ma flâme pour votre fille,
Ne formons plus qu'une famille.

COLOMBINE.

A la prière de votre fille,
Qu'Arlequin soit de la famille.

Ensemble.

CASSANDRE.

Dieu! quel outrage pour ma famille!
Il voulait séduire ma fille.

GILLES.

Bon! il le chasse loin de sa fille.
Ah! je voudrais bien qu'il l'houspille.

CASSANDRE.

Rentrez, Mademoiselle, et dépêchez-vous.

COLOMBINE.

Mais, mon père.....

CASSANDRE.

Rentrez, vous dis-je, et ne repliquez pas.

ARLEQUIN.

Ne crains rien, ma chère Colombine. (*Il lui baise la main, et elle rentre*)

SCENE XIV.

LES MÊMES, *excepté* COLOMBINE.

CASSANDRE.

Eh bien, encore devant moi?

ARLEQUIN.

Ah! M. Cassandre, puisque vous avez découvert notre amour, laissez-vous toucher.

CASSANDRE.

A la porte, coquin, et dépêche-toi.

GILLES.

Bravo.

ARLEQUIN.

Comment vous voulez que je sorte?

CASSANDRE.

Et pour ne rentrer jamais.

ARLEQUIN.

Vous ne voulez donc pas me donner la main de Colombine?

CASSANDRE.

Peux-tu la demander?

ARLEQUIN.

Une fois, deux fois, vous ne voulez pas?

CASSANDRE.

Assurément.....

ARLEQUIN.

Eh bien, je viendrai la chercher.

GILLES.

Ah! je dis, je serai là.

CASSANDRE.

Je saurai prendre mes précautions.

ARLEQUIN.

Prenez-les bien, M. Cassandre. Pendant ce tems, moi, je vais faire dresser notre contrat de mariage. Sans adieu, beau-père; au revoir.

SCENE XV.

GILLES, CASSANDRE.

GILLES.

OUI, au revoir : moi, je vais provisoirement fermer la grille, pour l'empêcher de rentrer,

CASSANDRE.

Mais voyez un peu l'effronté, qui ose me demander ma fille!

GILLES.

Bravo, M. Cassandre. Vous venez de faire un beau coup d'autorité paternelle : il faut se montrer.

CASSANDRE.

Sans contredit.

AIR : *De Cahin, caha.*

Cela doit être:
Car dès que les parens
Sont trop peu surveillans,
L'on voit dans peu de tems,
Dans le cœur des enfans,
La séduction naître.
Qu'arrive-t-il de tout cela?
La vertu sommeille,
Rien ne la réveille;
Puis l'amour qui veille
Entre par l'oreille,
Et l'honneur va cahin, caha. (*bis.*)

GILLES.

C'est ce qui arrive quelquefois.

CASSANDRE.

Ah ça, Gilles, aye soin que la grille soit toujours bien fermée.

GILLES.

Soyez sans inquiétude; j'y suis intéressé : car si je découvre le moyen en question, vous me donnerez Mlle. Colombine.

CASSANDRE.

Je tiendrai ma promesse, quel que soit l'inventeur. Mais à propos, le ballon doit être plein.

GILLES.

Pas encore tout-à-fait; mais cela vient.

CASSANDRE.

Pendant que tu vas achever, je vais préparer ce dont j'ai besoin pour mon expérience.

GILLES.

Ne soyez pas long ; car cela sera bientôt fini.

(*Cassandre rentre.*)

SCENE XVI.

GILLES, *seul.*

PENDANT que me voilà tout seul, il faut que je rumine un peu à ce que demande M. Cassandre. Il s'agit de descendre sans se casser les reins, quand le ballon fait explosion.... Mais cela n'est pas difficile ; car certainement on pourrait.... Eh oui, on tombe, parce que l'air inflammable sort du ballon crevé.... Eh bien, c'est d'en mettre deux l'un dans l'autre. Si la peau d'un creve, il en reste encore une. Oh oui, mais ils peuvent crever tous les deux. Le bon moyen d'empêcher cela, c'est d'en fabriquer en fer blanc..... Sans doute..... Ah ! diable, je ne songeois pas que le tonnerre pourrait les fondre. Oh, quelle idée !... C'est délicieux.... Je l'ai trouvé ; c'est cela même.

AIR : *De Rom' à l'isl' Madagascar.*

J'imagine un très-bon moyen
Pour empêcher toute culbute,
Et sauver le physicien
D'une si dangereuse chûte,
Si mon ballon crevait là-haut.
Eh bien, moi, sans nulle autre exorde,
J'attacherais tout aussi-tôt
Une grande échelle de corde. (*bis.*)

Voilà le moyen trouvé. Je vais le dire à M. Cassandre, et je suis sûr qu'il l'essayera tout de suite. Eh !

mon dieu, je ne songeais plus au ballon. Il était tems; car il est plein. Voyons, fermons-le. Eh! je n'ai pas de ficelle: courons vîte en chercher, et instruire M. Cassandre de la superbe découverte que je viens de faire.

(Il rentre.)

SCENE XVII.

ARLEQUIN, COLOMBINE.

COLOMBINE, *à sa fenêtre.*

SI je pouvais faire parvenir cette lettre à mon cher Arlequin, ce soir il viendrait à la grille du jardin, et nous nous concerterions.

ARLEQUIN, *à sa fenêtre de l'autre côté.*

Colombine! Colombine!

COLOMBINE.

Ah! te voilà: j'avais préparé cette lettre pour t'avertir que....

ARLEQUIN.

Prends garde, voilà Gilles.

SCENE XVIII.

GILLES, COLOMBINE, ARLEQUIN.

GILLES.

QU'EST-CE qui m'appelle? Tiens, il n'y a personne. Mais voyez un peu M. Cassandre, qui prétend que mon invention est bête!.... Je parirais que c'est par jalousie. Voilà comme les gens à talens ont toujours des envieux.

(Colombine et Arlequin, chacun à leurs fenêtres, observent Gilles, et se font des signes.)

Malgré tout cela, fermons le ballon, et détachons-le. Oh, comme il est gentil! Il ne demande qu'à s'envoler. Ah! il faut que je m'amuse un peu : je vais y mettre une corde plus longue, et je verrai s'il pourrait m'enlever.

(En allongeant la corde, il laisse monter le ballon au niveau de la fenêtre de Colombine, qui y attache sa lettre, et le fait remarquer à Arlequin.)

Oh non, il ne m'enlevera pas; il n'est pas assez lourd pour me faire contrepoids. C'est égal, cela me divertira toujours. C'est si drôle!....

(Il chante en promenant le ballon qui porte la lettre :)

P'tit ballon vole, vole, vole.
Voyez comme il cabriole;
Il ne demande pas mieux
Que de voler jusqu'aux cieux.
Le voilà qui vole, vole, vole.

Oh! mon dieu, quel plaisir d'être physicien! comme on s'amuse.

COLOMBINE.

Eh bien, M. Gilles, voilà donc le ballon rempli?

GILLES.

Et je dis joliment; voyez comme il monte.

COLOMBINE.

Oh, pas beaucoup; il n'est pas seulement à la hauteur des arbres.

GILLES.

Laissez donc : il est aussi haut que la maison.

COLOMBINE.

Il s'en faut bien.

GILLES.

Eh bien, vous allez voir. *(Il se place sous la fenêtre d'Arlequin.)* Tenez, y est-il?

COLOMBINE.

Non pas encore.

GILLES.

Attendez que je monte sur cette pierre; car la ficelle est trop courte. C'est-il bien comme cela?

(Arlequin prend la lettre.)

COLOMBINE.

Oui, c'est juste la mesure.

GILLES, *tombe en descendant, et laisse échapper le ballon.*

Ah! mon dieu, qu'est-ce que va dire M. Cassandre, voilà le ballon parti? Comment faire?

COLOMBINE.

Courez vîte après.

GILLES.

M. Cassandre, au secours! Venez vîte; dépêchez-vous donc. Dites-lui donc, Mlle. Colombine; ne perdez pas de tems. M. Cassandre! M. Cassandre!

SCENE XIX.

GILLES, CASSANDRE, COLOMBINE.

CASSANDRE.

Eh bien, eh bien, qu'est-ce?

GILLES.

Votre ballon a le diable au corps; il vient de prendre le mords aux dents, et le voilà qui galope là-haut.

CASSANDRE.

Comment, mal-adroit !...

COLOMBINE.

Oh, ne le grondez point, mon père; ce n'est pas sa faute.

GILLES.

Oh, c'est vrai; Mlle. Colombine l'a bien vu.

CASSANDRE.

AIR : *De ta main tu cueilles le fruit.*

Hélas ! j'accourais tout exprès,
Flatté d'une douce espérance.
Tout me présageait le succès
De mon expérience.

GILLES.

La voilà faite à présent :
Autant en emporte le vent.

SCENE XX *et dernière.*

LES MÊMES, ARLEQUIN, *sur le toît de sa maison, tenant un parachûte.*

ARLEQUIN.

MONSIEUR Cassandre !

CASSANDRE.

J'entends, je crois, la voix de ce mauvais sujet d'Arlequin.

ARLEQUIN.

M. Cassandre !

GILLES.

GILLES.

Eh! tenez, il est sur le toit.

COLOMBINE.

O ciel! que veut-il faire?

CASSANDRE.

AIR : *Elle a fait un voyage.*

Eh! qu'est-ce encor, impertinent;
Que veut dire cette machine?

ARLEQUIN.

Monsieur, je viens, en ce moment,
Chercher la main de Colombine.
Calmez votre courroux,
Je serai son époux;
Car, grace à mon ouvrage,
Je m'en vais d'ici jusqu'à vous
Faire un petit voyage. (*bis.*)

(*Pendant la ritournelle, Arlequin, tenant son parachûte, descend sur un plateau qui glisse le long du mur.*)

COLOMBINE.

Ah! mon cher Arlequin!

CASSANDRE.

Cette invention est superbe. Voilà ce que je demandais.

GILLES.

Eh! mon dieu, M. Cassandre, que ne me disiez-vous que c'était ça que vous demandiez.

CASSANDRE.

Bravo, mon cher Arlequin, bravo. Viens que je t'embrasse.

GILLES.

Il a beau dire, cela ne vaut pas mon échelle.

ARLEQUIN.

Eh bien, M. Cassandre, vous êtes donc content de ma machine?

CASSANDRE.

J'en suis enchanté ; mais j'admire encore plus ton courage.

COLOMBINE.

Mon père !....

CASSANDRE.

Je t'entends.

AIR : *Heureux habitans des campagnes.*

Je suis fidèle à ma promesse,
Je vais t'unir avec Arlequin.
Par son courage et son adresse,
Il a su mériter ta main.
Que le plus heureux hyménée,
En couronnant son feu constant,
Devienne, dans cette journée,
La récompense du talent. (*bis.*)

GILLES.

Ah! mon dieu, il va épouser Colombine : je n'ai plus qu'à me pendre à mon échelle.

ARLEQUIN.

Oh, ma bonne petite amie, quel moment délicieux!

COLOMBINE.

Mais ne t'es-tu pas fait mal?

ARLEQUIN.

AIR : *Lucas un jour en son chemin.*

Je ne me suis fait aucun mal,
Je puis t'en donner l'assurance;
Et, loin d'avoir été fatal,
Ce saut comble mon espérance. (*bis.*)
Ne songeant qu'à m'unir à toi,
Je risquai la culbute,
Mais l'amour qui veillait sur moi
Guida mon parachûte. (*bis.*)

CASSANDRE.

Ma fille, en prenant un époux,
Songe aux devoirs du mariage.
Tu jouiras d'un sort bien doux
En restant vertueuse et sage. (*bis.*)
Evite bien tous les faux pas,
  Même d'une minute....
Que de femmes ont, dans ce cas,
  Besoin d'un parachûte! (*bis.*)

COLOMBINE.

Ah! je le dis avec douleur,
On voit dans une infâme lice
Les vertus ainsi que l'honneur
Succomber sous l'effort du vice. (*bis.*)
Si l'on n'a pas un peu le soin
  D'arrêter cette lutte
Bientôt les mœurs auront besoin
  D'un large parachûte. (*bis.*)

GILLES.

J'aurai soin de me rappeller
Que, tantôt monté sur c'te pierre,
A forc' de vouloir m'élever,
Je me suis vu tomber par terre. (*bis.*)
Pour éviter dorénavant
  Une telle culbute,
J'aurai dans ma poche à présent
  Un petit parachûte. (*bis.*)

ARLEQUIN *au Public.*

Quand des élèves d'Apollon
Hasardent de monter Pégase,
Souvent du haut de l'Hélicon
D'un coup de pied il les écrase. (*bis*).
Aux accidens d'un triste sort
  Sans cesse ils sont en butte;
Car les Auteurs n'ont pas encor
  Trouvé de parachûte. (*bis.*)

FIN.

A PARIS, de l'Imprimerie rue des Droits-de-l'Homme, N°. 44.